# NAUFRAGE

DU

# WOODROP - SIMS

PAR

## M. JULES LECOMTE.

## A PARIS,
### CHEZ LES LIBRAIRES DU PALAIS-ROYAL;

## AU HAVRE,
### CHEZ J. MORLENT, LIBRAIRE, SOUS LES ARCADES.

Mai 1833.

# NAUFRAGE

## DU

# WOODROP-SIMS.

23/2

2(66?

IMPRIMERIE DE E. DUVERGER,
RUE DE VERNEUIL, N° 4.

Naufrage du Woodrop-sims.

# NAUFRAGE

## DU BALEINIER FRANCO-AMÉRICAIN

# WOODROP-SIMS

SUR

## LA COTE OCCIDENTALE D'AFRIQUE.

RÉDIGÉ PAR

## M. JULES LECOMTE,

*Officier de Marine.*

# A PARIS,

### CHEZ LES LIBRAIRES DU PALAIS-ROYAL;

## AU HAVRE,

# AVANT-PROPOS.

●⚬●⚬●⚬●⚬●⚬●

C'est d'après des notes et des renseignemens de toute exactitude que cette brochure a été rédigée.

Monsieur L. DE SAINT-MARS, chirurgien à bord du *Woodrop-Sims*, arrivé tout dernièrement par la Havane, et Monsieur STANISLAS BILLARD, jeune marin également échappé à ce malheureux naufrage, ont eu la complaisance de donner à l'auteur les détails les plus vrais et les plus minutieux. C'est donc à eux seuls tout le mérite qui pourrait être le résultat de cette publication.

Marin lui-même, et parcourant dans le même temps que le *Woodrop-Sims* la plupart des points de la côte d'Afrique qu'il a cités, l'auteur a vivement senti toutes les sympathies de malheur. Trop heureux si le *Courrier des Indes* eût poursuivi sa pêche jusqu'aux plages désertes qu'attristaient encore les débris du *Woodrop-Sims!* Car c'est un beau jour pour l'amitié que celui où l'infortune jette dans nos bras un ami malheureux.

J. L. C.

# NAUFRAGE

## DU

# WOODROP-SIMS

### SUR

## LES COTES OCCIDENTALES D'AFRIQUE.

—————

## I.

Départ du Havre et traversée. — Arrivée à la côte d'Afrique. — Première baleine.

Le navire franco-américain *Woodrop-Sims* fut expédié du Havre, le 15 avril 1832, pour aller faire la pêche de la baleine sur les côtes occidentales d'Afrique.

Le *Woodrop-Sims* était un large et puissant navire, qui dans son précédent voyage avait rapporté plus de cinq cents tonneaux d'huile en dix mois. Après un court séjour au port il repartait pour les mêmes parages avec d'habiles baleiniers et l'espoir si naturel au marin de faire encore une pêche prompte et abondante.

La traversée s'écoulait, on préparait les ustensiles de pêche, on gréait les pirogues, et la nuit on se racontait les aventures du dernier voyage; on était tout impatience et ardeur, tout plein de confiance dans la bonne étoile du navire... Puis c'étaient Madère, Ténériffe, les îles de l'Océan qui fuyaient, à qui on disait : au revoir...

Enfin, travaux de mer, tropiques, équateur, joies de marin, tout passé, le 17 juin la vigie cria terre!

Terre! cela retentit dans tous les cœurs. Personne hors le marin ne connaît la puissance d'émotion de ce mot; il faut pour l'entendre deux ou trois bons mois de mer, et cette terre n'eût-elle à étaler à l'œil que des sables arides et sans verdure, des rochers noirs avec des lames qui s'y engouffrent, c'est la terre, et ce cri va au cœur.

C'étaient les sables brûlans de l'Afrique. On coupa droit à terre; après s'en être approché à peu de milles pour reconnaître au juste sa position, on aperçut la première baleine.

La première fois c'est ordinairement confusion; les uns poussent des cris de joie, des paroles inachevées, en s'élançant sur les lisses, dans les haubans, pour voir... La baleine a été reconnue baleine franche par un officier; ceux qui n'ont jamais vu demandent, s'informent, veulent savoir;.... d'autres courent appeler leurs camarades, prendre un vêtement léger, ou chercher ce qui manque à leur canot; enfin l'ordre d'amener est donné. — Trois pirogues désignées descendent sur leurs palans; les hommes s'affalent par les porte-haubans, par les garans. — On est complet. — On pousse au large.

La vigie placée au grand mât désigne avec un ballon la direction où l'on aperçoit le souffle de la baleine.

C'est vers cet endroit que chaque chef dirige sa pirogue; les rameurs se courbent sur leurs avirons qui frappent l'eau d'un seul coup. Le harponneur a placé en veille les redoutables harpons qui bientôt peut-être... On est impatient ; on voudrait que la pirogue volât, et elle vole. Une autre embarcation qui chasse à côté suit la même parallèle ; par momens les avirons sont près de se toucher, l'œil du chef veille partout. Dans chaque pirogue il y a des jeunes gens qui débutent ; c'est comme malgré eux qu'ils détournent la tête pour essayer de voir cette baleine dont on leur a tant parlé pendant la traversée ; mais l'animal change de direction, et les pirogues se trouvent séparées.

Bientôt celle dont la position est la plus favorable a largué sa petite voile à livarde ; elle gagne sensiblement la baleine qui court doucement sous le vent. La pirogue approche, approche encore ; les autres envient le bonheur de ceux qui vont piquer. Ils vont avoir la chance !... La baleine ne va pas de l'avant, et voilà le harponneur debout !.... Il prend son harpon ... Il va piquer.... Nage, enfans !..... Nage pour les rattraper..... Ah ! ils sont amarrés !

En effet la baleine, qui n'avait pas vu l'embarcation qui la poursuivait sans bruit avec sa petite voile, s'était laissé gagner. Au moment où elle était venue souffler, son vaste dos s'étant montré à la surface, le harponneur, debout dans l'avant du canot, avait profité de cet instant favorable pour lui lancer vigoureusement ses deux harpons.

Après avoir donné quelques violens coups de queue dont la mer seule fut troublée, elle s'enfuit avec rapidité en entraînant avec elle la pirogue qu'on avait démâtée et où l'on préparait les instrumens nécessaires pour la tuer.

On halla sur la ligne pour s'en accoster, puis avec la pelle tranchante on lui coupa quelques articulations et quelques tendons de la queue, siége de sa plus grande force et de sa plus grande vitesse.

Les autres pirogues approchèrent. — Les lances habilement dirigées volèrent dans les parties mortelles. — Dix minutes plus tard la baleine, après avoir rougi la mer et les pirogues du sang de ses blessures et de celui qu'elle faisait jaillir de ses évens, tourna son aileron en l'air pour mourir.

Une heure après, le *Woodrop-Sims* virait sa première baleine; et la nuit, en fondant ce gras bien jaune, bien épais, on se disait en faisant une entaille au manche d'un des outils du fourneau : — Quand donc marquerons-nous la dixième! la vingtième! la dernière!... et le grand feu éclairait des visages qui souriaient à l'espoir de finir promptement la pêche.

Le dix-huit juin le *Woodrop-Sims* entra dans la baie de *Sainte-Elisabeth* : il y trouva deux navires baleiniers; un américain, et le navire français *Courrier des Indes*, du Havre. On échangea des nouvelles et des amitiés et on promit de se revoir dans les autres baies.

Après y avoir passé plusieurs jours sans prendre de baleine, le *Woodrop-Sims* appareilla pour *Angra-piqueana* où étaient mouillés les deux navires français *Aimable-Marie* et *Vaillant* du Havre.

Ces baies étant occupées chacune par deux navires, le *Woodrop-Sims* courut plus nord pour s'isoler. Il prit ainsi cinq autres baleines, et le 30 juillet il fit route pour mouiller dans *Great-fish-bay*.

## II.

Naufrage pendant la nuit. — Démâtage du navire. — Etat des
victimes du naufrage.

C'était le 4 août; il était quatre heures du matin;
depuis le commencement de la nuit le navire était en
travers pour se tenir au vent de l'entrée de la baie; le
temps était obscur, le peu de lune qu'il y avait était caché
par d'énormes nuages qui noircissaient l'espace. On venait de s'assurer du fond, et la sonde donnait dix brasses
d'eau, lorsque l'on crut entendre des brisans sur l'avant
du navire. Le vent était sud-ouest, et le navire tribord-
amures avait beaucoup de dérive et courait droit à terre.
Jolie brise, les perroquets serrés. Bientôt on ne douta
plus que le bruit qu'on distinguait dans la partie où l'on
savait que devait être la terre ne fût celui de forts brisans... Aussitôt l'ordre est donné de virer de bord, la
voilure ne permettant pas de virer vent devant et la mer
étant d'ailleurs fort grosse; on halla la barre au vent, on
diminua de toile derrière... mais il était trop tard; le
navire, qui alors se trouvait déjà dans une barre, fut
poussé par d'énormes lames qui le firent toucher si rude-
ment que dès ce moment on put juger que tout était
perdu et que rien ne pouvait le sauver !

A ces deux premiers coups de talon, aux craquemens
horribles qui les accompagnèrent, tout ce qu'il y avait
d'hommes endormis à bord se réveillèrent saisis d'effroi;
les uns s'élancent en haut demi-vêtus, d'autres cherchent
si cette affreuse réalité n'est point un reste de leurs songes

inachevés; on crie, on se rue, on appelle les chefs; en vain ces derniers jettent quelques ordres dans cette confusion... et la mer couvre déjà l'avant du navire; d'énormes lames viennent en grondant se briser avec fracas sur le côté incliné du bâtiment et emportent avec elles les débris de tout ce qui se trouve sur leur passage...Et ne pas pouvoir s'assurer de la distance qui sépare de la terre!... N'y pas voir assez pour distinguer quelques rochers pour s'y cramponner! quelque espoir de salut sur du sable!... Une désolante obscurité, la mer seule qui toute phosphorescente se brise en millions d'étincelles aussitôt évanouies qu'entrevues et qui ne projettent aucune lueur sur cette scène de désolation! Le navire, après avoir talonné d'une manière épouvantable, s'inclina dans le vide des lames, renvoya sur babord, puis bientôt au large, en livrant à la fureur d'une mer déchaînée son vaste pont, sur lequel il y avait bon nombre de pièces d'huile de saisies.

La première lame qui tomba à bord enleva cinq embarcations; bientôt les pièces d'huile, dont les saisines rompues partirent avec impétuosité en traversant plusieurs fois la largeur du pont, roulèrent sur quelques malheureux, premières victimes de cette horrible catastrophe. — On entendait leurs cris plaintifs et mourans déchirer l'ame de ceux qu'ils invoquaient et qui n'auraient pu sans danger de mort s'approcher d'eux. Bientôt les secours leur devinrent inutiles, car leurs cris faiblissaient... C'était un nom jeté à la pitié, mais que le sentiment de la propre conservation faisait glisser sur le cœur à mesure que la mort devenait plus menaçante.....

Les lames qui se multipliaient balayèrent bientôt le pont de tout ce qu'il portait. Une plus furieuse et plus

lourde le défonça lui-même ; les hommes dont aucune
blessure n'empêchait la fuite s'élancèrent à l'aide des
cordages dans les haubans du côté supérieur du navire.
—L'air était froid et humide, une brume moite enveloppait le navire et s'étendait sur la mer ; grimpés dans les
haubans, les pieds nus et endoloris, coupés par les enflé-
chures, recouverts d'un simple pantalon que l'eau de mer
appliquait sur leurs formes, les pauvres marins sans but,
sans consolation, cramponnaient à la vie leurs corps glacés
et meurtris et leur tête chargée des plus sinistres pen-
sées... quel tableau !... La mer furieuse détruisant ce vaste
navire, dans cette atmosphère d'ombre et de tempête, et
ce débris auquel ils s'attachaient, c'était la victime, le
jouet de ces lames, de ces rochers, de ces bancs de sable
où la mer le roulait ! Débris d'hommes attachés à des débris que le naufrage broie... et pourtant ! dans ces têtes
d'hommes que l'effroi glace, une pensée brûlante, un
instinct de conservation pour une mère, une amante, un
enfant ; puis chez d'autres des cris de douleur, des traits
contractés par les angoisses, le désespoir expansif qui
soulage ; puis plus loin, une morne torpeur, un silence
de cadavre... les ongles crispés sur la poitrine... ou
bien chez d'autres encore des chants bachiques, des
chants d'amour... L'ivresse ! Dans la confusion ce fut le
premier instinct animal chez eux. — Horreur !

Lorsque les palpitations du cœur le font battre violemment contre notre poitrine, lorsque les douleurs
physiques sont parvenues au point d'être intolérables,
la sensibilité s'éteint, les souffrances du corps et de la
pensée nous abandonnent.... c'est un chaos.... ce sont

des régions inconnues où l'on flotte étourdi, bouleversé, mais sans douleurs.

Puis vient le réveil, car cet état d'abnégation mentale et physique ne dure pas. Et pourtant! Dans ces instans rapides où tout un avenir d'homme consiste quelquefois dans l'intervalle que mettra une lame à se briser sur l'autre, si l'on veut se raidir contre le désespoir, échapper à cet abîme où suspendu l'on tremble à chaque raffale, il faut s'isoler de toutes les affections du cœur. C'est un renoncement aux facultés morales, tout au profit de celle-ci : espoir!... Il faut que les forces animales luttent contre la mort, jusqu'à ce que, vainqueur, la lame vous jette sur la plage ; vaincu, les flots vous brisent le crâne contre les rochers!...

Enfin, après deux heures d'inexprimables angoisses, le jour parut; avec quelle avidité tous les yeux se dirigèrent alors vers la terre! Quelle impatience de voir s'éclaircir cette brume épaisse, pour juger de la distance qui en séparait! Les yeux abîmés par l'eau salée, les membres raidis de froid, c'était à qui ferait pénétrer sa vue au travers du crépuscule, pour le dire aux autres avec son reste de voix! On l'aperçut bientôt, mais à un bon mille; on en était séparé par des barres et des brisans où la mer s'engouffrait et volait en écume à une hauteur prodigieuse. Ce fut alors qu'on put juger de la vraie position du navire; les trois mâts et le beaupré rompus. — Le pont défoncé. — La cale presque vide. — Le navire entouré de ses débris et de sa cargaison que la mer battait, entrechoquait et brisait à un grand espace, dont le centre de désolation était le reste de ce beau et grand navire, avec quelques malheureux échevelés et tremblans, étendant leurs regards sur cette mer de destruction. — Et puis au loin le soleil se levant derrière les grands sables jaunes, puis se voilant de gros et lourds nuages de temps en temps traversés de quelques rayons !

On essaya pourtant de parer une embarcation, la seule que la mer n'eût point brisée complètement; avec des peines et des précautions infinies on parvint à la mettre à la mer, et six hommes s'y élancèrent. Ils s'éloignèrent de quelques toises ; mais bientôt deux énormes lames qui se rencontrant, se brisèrent l'une sur l'autre, mâtèrent à pic la pirogue, dont tous les hommes furent précipités à un seul bout; pourtant elle ne chavira pas, mais une autre lame inévitable la remplit d'eau et la renversa. Alors les six malheureux, vrais jouets des flots, furent tournés et roulés selon leur caprice avec le sable et les pierres du fond. A la surface, le courant terrible des brisans les entraînait, impuissans qu'ils étaient avec leurs membres glacés; cependant une longue lame les enveloppa dans son tourbillon, puis étendit et laissa sur la plage quatre des hommes de la pirogue. Les deux autres ne savent comment ils sont parvenus à terre.

Deux porcs et un chien, enlevés par les premiers coups de mer, étaient déjà sur le sable.

On avait inutilement essayé d'établir un va-et-vient; la pirogue avait été brisée avant d'être éloignée du navire.

Beaucoup d'hommes se jetèrent à la mer avec l'espoir de gagner aussi à la nage, ou à l'aide de quelque débris, cette plage où déjà quelques malheureux étaient parvenus. — On voyait par moment des pièces de bois sur lesquelles des hommes se tenaient aussi fortement que le permettaient leurs forces épuisées; sur le sommet d'une lame, ils pouvaient voir à terre, à peu de distance d'eux, leurs camarades, les mains exténuées, qui leur tendaient les bras, et, quand ils s'abîmaient, qui se précipitaient du côté où ils espéraient les voir reparaître; mais que de fois les tronçons de mâts revinrent seuls!... Et pour arrière-plan à ce déchirant tableau, un pauvre navire rongé, dispersé, englouti par la mer! Quelques hommes arrivaient pourtant encore à la nage, après avoir échappé à mille morts, parmi tous les débris et objets de cargaison qui jonchaient la rive. — Enfin deux heures après le navire était couvert par la mer, et il n'y avait plus d'espoir pour ceux qui manquaient.... et il en manquait quinze! Et parmi ces quinze tous les officiers, excepté le capitaine américain, monsieur Swain et monsieur L. de St-Mars, chirurgien du navire.

## III.

Souffrance des naufragés. — Sauvetage de quelques provisions. — Température des côtes d'Afrique. — Les Hottentots.

Après l'abattement physique, l'abattement moral. Chez quelques hommes, dans ces désastreuses conjonctures, l'ame s'hébète, et l'œil fixe avec indifférence le tableau déchirant qui l'entoure; mais les besoins animaux font bientôt cesser cet oubli de soi-même, et l'on renaît bientôt au sentiment de ses douleurs.

Au moment où le navire avait donné son premier coup

de talon, aussitôt qu'on avait reconnu sa position, quelques personnes ayant des intérêts chers à conserver avaient voulu essayer de ne s'en point séparer ; mais dans ce ballottement des corps dans ces grandes lames, tous les objets légers dont on s'était muni avaient été dispersés. Seulement un bien précieux pour des marins dans une position aussi pénible fut un briquet phosphorique, dont le chirurgien avait eu la présence d'esprit de se pourvoir, et que son poids avait retenu dans son pantalon de toile. — Un fusil de chasse avait aussi été amarré sur une planche, mais il ne vint pas.

Si les sables d'Afrique n'ont point de verdure à étaler aux yeux, ils portent des touffes de broussailles, arbres nains sans sève et sans vigueur qui ne peuvent s'élever ni verdir. — On en abattit un monceau, dont jaillit bientôt une flamme vive et pénétrante ; les infortunés auxquels leurs blessures remplies de sable et le froid arrachaient des plaintes furent étendus près de ce foyer, où peu à peu leurs membres engourdis reprirent leur souplesse. — Leurs plaies, lavées et nettoyées avec de l'eau de mer, en furent soulagées ; d'autres plus alertes avaient trouvé sur la plage, parmi des débris dont elle se bordait, un petit baril d'eau-de-vie qu'ils défoncèrent, et bientôt cette scène de naufrage toute parsemée des débris tout frais de leur navire, couverte des corps mutilés que les lames apportaient et y laissaient à sec, retentit de chants d'ivresse.... et des plaintes faibles et dolentes des blessés.... c'était hideux !

Le reste de ce premier et terrible jour de naufrage s'écoula entre les souffrances et les privations de toute nature. Rien encore ne pouvait donner confiance dans l'avenir ; on savait la côte fréquentée par des naturels ; et ignorant et leur nombre et leurs dispositions, on avait à redouter qu'avertis par la fumée du feu, ils ne devinassent que quelque chose d'extraordinaire se passait sur le rivage. On craignait de les voir arriver en nombre, et disposés peut-être à tirer parti de l'état d'accablement et de dénuement où étaient les naufragés. Aussi la nuit qui suivit cet affreux événement fut-elle bien cruelle. Le feu bien entretenu rôtissait d'un côté ceux que le froid glaçait de l'autre ; car c'est un épouvantable climat que celui de la côte d'Afrique ! Le jour, à midi, un soleil lourd et brûlant échauffe ces plaines de sable, qui dans l'intérieur conservent quelque chaleur pour la nuit. Mais au rivage, insupportable dans le milieu du jour, la chaleur fait bientôt place à une brume humide et froide qui s'étend sur la terre et sur la mer, et attiédit, puis glace l'atmosphère. Les nuits sont longues, et le matin cette brume ne se disperse que lorsque, par une transition subite du froid au chaud, le soleil qui se lève derrière les monts la traverse de ses rayons.

Aussitôt que le jour le permit, quelques hommes se mirent en route pour suivre le rivage, et chercher à découvrir quelques vivres et quelques objets de première nécessité : ces recherches furent heureuses. Après avoir côtoyé pendant peu de temps, on aperçut un boucaut de biscuit, trouvaille sans prix pour les premiers besoins des naufragés ; on le roula sur le sable, dans lequel il s'enfonçait, n'ayant point d'autre moyen de transport ; enfin, après des peines infinies, on parvint à le rendre au point de réunion, et comme d'autres hommes avaient aussi trouvé une pièce d'eau, on fit un repas délicieux, dont les corps affaiblis par les souffrances et les privations avaient le plus grand besoin.

On continua les recherches. Pendant la nuit, la mer était totalement tombée, et sur cette plage toute jonchée de mâts, de vergues, de planches, de barriques et d'autres agrès, il devenait facile de choisir ce que l'on jugeait nécessaire pour les besoins de tous. — Une circonstance des plus heureuses vint encore ranimer les forces des naufragés : on trouva une barrique pleine d'effets de mer, appartenant au capitaine ; ce fut une inexprimable joie. On fit aussitôt le partage : c'étaient des chemises de laine rouge, des caleçons, des bonnets de laine, objets des plus nécessaires, dont la possession inespérée fut vivement appréciée. Ce jour-là, on trouva plusieurs boucauts de biscuits, plusieurs pièces d'eau, deux petits barils d'eau-de-vie, et quelques autres barillages contenant du sucre, du café, du beurre, des fromages, etc. Ces trouvailles firent renaître la confiance dans tous les cœurs, on avait alors pour deux mois de vivres ; et il était probable qu'on réussirait encore à sauver et à mettre hors des atteintes de la mer ce qu'elle apporterait sans l'avoir endommagé.

On avait aussi un léger espoir de voir paraître dans la baie un des navires que l'on avait laissés plus haut, savoir : le *Courrier des Indes*, capitaine *E. Le Roy;* l'*Aimable Marie*, capitaine *Fauvel;* et le *Vaillant*, capitaine *Morin*.

## IV.

Établissement d'un camp. — Visite des Hottentots. — Rapports
des naufragés avec eux.

C'était sur la presqu'île des Tigres, près de Great-fish-
bay, que *le Woodrop-Sims* s'était perdu par les 17° 20' latitude sud. Le camp des naufragés était placé sur la pointe
de la presqu'île, à un endroit qui a peut-être trois cents
pas de large et la mer des deux côtés.

D'un bord furieuse et brisée dans les roches, et de
l'autre calme et pure comme dans un bassin ; puis, pour
reposer la vue, encore la mer large, longue tant que l'œil
peut voir, ou bien le sable en plaines arides, autre mer
dont les vagues sont les moellons amassés par les vents
des déserts, qu'ils nivèlent et entassent vingt fois le jour.
Je ne sais ce qu'il y a de plus triste, de plus impression-
nant pour l'œil du malheureux qui les contemple, de
cette mer battue et soulevée où l'on cherche en vain à
voir poindre une voile, ou bien de ces déserts où le vent
promène dans ses tourbillons des masses de sable, nuages
terrestres qui entraînent mille insectes, où la vue ne rencontre pas un arbre pour se reposer. D'un côté, le mu-
gissement des vagues dans les algues du rivage, dans les
gouffres des rochers ; de l'autre, le rugissement des lions
et des tigres qui sortent de leurs antres et cherchent des
proies. Le vent fait flotter en l'air ces cris de destruction
et les apporte aux tremblans naufragés dont l'âme pleine
de terreur n'ose poser son souvenir sur des temps plus
heureux que reproduit l'espoir. — Dans ce beau mois

d'été où la France est si belle; où la vie coule douce et parfumée, où le ciel est bleu, où les brises vous apportent des senteurs enivrantes au travers des jardins, où les rivages ont la douce et timide harmonie des lames qui expirent dans les herbes marines ou sur les galets roulans des grèves!

Oh! c'étaient des rêveries poignantes! .

Et le Havre donc! avec ses flottes aux panaches de toutes couleurs; arriver là par une belle nuit couronnée d'étoiles; et, parmi toutes ces étoiles, là-bas sur la falaise, les deux phares qui semblent vous regarder venir.... — Alors le jour poind... on perce l'obscurité, on regarde, on distingue...—C'est la jetée avec sa petite tourelle dont le feu s'éteint, puis la large tour où enfant on allait se mettre à cheval sur les canons et regarder manœuvrer les signaux... — puis la ville où l'on a sa demeure, la ville dont chaque maison se révèle au jour, où l'on cherche son toit, sa fumée... Et les moulins qui tournent... Et le soleil qui dore les carreaux resplendissans.... Et les bateaux à vapeur qui se croisent, entrent, sortent chargés de promeneurs et de curieux!..... car c'est un beau dimanche de juillet ce jour-là; à midi on entrera au port entre les deux jetées couvertes de monde pour vous voir...... Oh! les sensations se pressent dans le cœur.... Malédiction! y penser et n'y pas être!

Cependant, on établit un camp avec les pièces vides rassemblées sur le sable, toutes défoncées par un bout et rangées en cercles; elles formèrent une série de cellules destinées à recevoir deux individus, et dont le bout ouvert recevait la nuit la chaleur d'un grand feu. On régla aussi des quarts pour prévenir de l'arrivée des naturels

et pour veiller à l'entretien du feu nécessaire pour écarter les bêtes féroces. — Une montre que par hasard l'eau n'avait point endommagée et qu'un des hommes de l'équipage avait eu le bonheur de sauver, devint alors de la plus grande utilité.

A côté du camp de barriques on avait formé une tente avec deux voiles d'embarcation, afin de se dérober pendant le jour à la brûlante ardeur du soleil.

Les Hottentots, habitans vagabonds de ces côtes désertes, sont de petits hommes grêles et mal bâtis; rarement on en remarque un qui puisse supporter un examen peu sévère. Leurs petites jambes maigres et frêles, leurs genoux, leurs rotules trop saillantes pour des cuisses dont la chair recouvre à peine le fémur, leur corps où l'on compte les côtes, sont hideux à voir; leurs bras sont d'une longueur disproportionnée; leur tête est grosse et peu garnie de laine; leur front assez haut et le crâne saillant; la peau appliquée sur leurs tempes et la proéminence de l'os frontal déterminent parfaitement chez la plupart de ces nègres ce que les peintres appellent *le principe de Raphaël*. Ils se tiennent très droit, presque renversés; leurs vêtemens consistent en lambeaux de pelleterie ou en peaux de pingoins cousues ensemble avec des fils de boyaux.

En général, les femmes sont mieux; il en est même sur lesquelles l'œil se repose avec moins de dégoût; elles ont plus d'embonpoint que les hommes; leurs formes sont arrondies et sans vigueur, le visage presque toujours fort laid, la gorge abondante, les mains petites et potelées, et les pieds fort jolis. Ce qui est fort remarquable chez les Hottentotes, c'est la grosseur disproportionnée de leurs

hanches et de leurs fesses ; leurs enfans s'y tiennent debout, les bras croisés autour de leur cou; c'est incroyable.
La démarche renversée qui leur est naturelle fait de la
colonne vertébrale un arc très prononcé qui contraste
avec la grosseur de l'abdomen. C'est une hideuse nature
que ces hommes sur leur sol plus hideux encore ! avec
leurs huttes étroites, construites avec des côtes de baleines et des broussailles ; ils sont pénibles à voir. On ne
peut assister sans dégoût à leurs repas qui consistent en
débris putréfiés de chair et de gras de baleine ; le cœur
en est soulevé : toutes les baleines qui viennent échouer
mortes à la côte sont leur proie. Dans l'intérieur ils ont
cependant des bœufs qu'ils traînent quelquefois aux endroits fréquentés par les navires pour les échanger contre
un vieux fusil de bord, une bouteille de grosse poudre
ou un couteau. Leurs flèches ne leur servent qu'à se dé-
fendre entre eux ; ils n'en tirent pas parti pour la chasse.
Les femmes et les enfans ont aussi de petites lignes gar-
nies d'hameçons qui leur ont été données ; quelquefois ils
réussissent à prendre quelques petits poissons qu'ils man-
gent crus avec de l'huile de baleine.

C'était donc l'approche de ces malheureux que l'on
craignait en quelque sorte au camp des naufragés ; et ils
ne tardèrent pas à se présenter. Avec quelques débris de
la seine qu'on avait sauvés on avait réussi à prendre plusieurs poissons, et les hommes étaient à en faire un repas
lorsqu'on aperçut trois naturels qui débusquaient d'un
morne. Ils étaient armés de flèches et de sagaies, et paraissaient, à mesure qu'ils approchaient, de plus en plus
craintifs et indécis. Les naufragés de leur côté craignaient
avec raison qu'ils ne fussent suivis d'un plus grand nom-

bre et disposés à profiter de l'état de dénuement où ils étaient pour s'emparer des provisions.

Le peu de lances et de harpons que l'on avait sauvés n'étaient pas des armes à opposer à leurs flèches; on s'empressa de leur faire des signes d'intelligence et d'amitié; ils y répondirent et s'approchèrent jusqu'au camp; alors on leur donna de l'eau et du biscuit dont ils sont très friands. La confiance s'établit au point qu'ils déposèrent leurs armes que chacun put librement visiter. Le soir ils s'en retournèrent chargés de biscuit mouillé qu'ils avaient ramassé sur la plage. Un des naufragés les accompagna pour s'assurer de leur nombre et de leurs dispositions.

Le lendemain les naturels revinrent au nombre de quinze, hommes et femmes: ils s'établirent près du camp, on leur donna quelques provisions, et ils firent là leur cuisine avec l'huile de baleine qui ne manquait pas sur le rivage. Leur chef parut très désireux d'un petit pavillon tricolore sauvé dans une voile; il fit toutes les grimaces et toutes les instances possibles pour l'obtenir; mais comme il pouvait devenir fort utile aux naufragés, on le garda. Cette circonstance fit beaucoup babiller les Hottentots entre eux; ils regardaient les hommes et gesticulaient violemment. Cela répandit un peu d'inquiétude, mais quelques démonstrations d'amitié rétablirent bientôt la confiance. Le soir ils renvoyèrent leurs femmes dans l'intérieur, et se groupèrent près du camp pour y passer la nuit.

## V.

Inquiétude des naufragés. — Voyage à la découverte. —
Récréation des matelots et des Hottentots.

Il y avait déjà une huitaine de jours d'écoulés depuis
le malheureux naufrage du *Woodrop-Sims*, et il ne paraissait aucun navire à l'horizon si souvent consulté ; on
avait réussi à sauver quelques débris d'embarcation qu'on
pouvait essayer de réparer, et qui avec celles où, lors du
naufrage, les six hommes s'étaient embarqués, et qui
étaient peu endommagées, pouvaient servir à aller à la
découverte, et à transporter les provisions au cas où l'on
vînt à se décider à faire route le long de la plage ; quelques mauvais outils trouvés sur le sable servirent aux
charpentiers qui se mirent à réparer les pirogues.

Le lendemain du jour où les Hottentots avaient ren-
voyé toutes leurs femmes, ils passèrent la journée près
du camp, puis s'en furent le soir ; cependant il en resta un
à passer la nuit ; le matelot de quart, intrigué de voir le
nègre regarder de tous côtés, comme un homme qui
s'attend à voir paraître quelqu'un, le désarma et voulut
s'emparer de lui ; mais le Hottentot prit la fuite au travers
des sables ; le reste de la nuit se passa dans les craintes et
les alertes causées par l'inquiétude à la moindre raison ;
enfin, le matin, on les aperçut à une grande distance,
mais en plus grand nombre ; cela alarma les naufragés
qui se rappelaient le vif débat qui s'était établi entre eux,
puis les allées et venues pendant la nuit de celui qui était
resté ; tout, jusqu'à leur retour avec un renfort, donnait

des inquiétudes graves sur leurs intentions. Déterminés
à vendre chèrement leur vie, les naufragés s'armèrent
de leur mieux avec des harpons, des lances et des gaffes,
et enfin de tout ce qu'ils purent trouver; on jura de
ne permettre à aucun des naturels de toucher aux provisions du camp, et on les attendit bien déterminés et
dans une attitude menaçante. Quand ceux-ci se furent
approchés à une certaine distance du camp, ils s'arrêtè-
rent; ils étaient vingt-deux, ils parlaient entre eux et
parurent effrayés de la position défensive des naufragés;
ils firent quelques signes d'intelligence auxquels on répondit, et ils s'approchèrent. Plusieurs mirent bas les
armes. Le chef vint droit aux naufragés avec celui qui la
veille s'était échappé laissant ses flèches entre les mains
du marin qui avait voulu le retenir. Il les demanda avec
tous les gestes possibles de soumission, on les lui rendit
avec une gratification de biscuit que le chef et lui dévo-
rèrent.

Ils campèrent près des naufragés.

Dans la nuit il s'éleva quelques discussions parmi les matelots au sujet d'eau-de-vie dont on avait trouvé plusieurs
petits barils; pour y mettre ordre on les renversa sur le
sable; quelques mutins, que cette opération exalta, voulurent en venir aux mains, mais ils furent bientôt apaisés
et tout rentra dans l'ordre. Les Hottentots parurent fort
effrayés de cette scène; ils ne connaissent pas les effets
de l'eau-de-vie, et refusent toujours d'en boire.

Un des hommes ayant trouvé un vieux baril dans
lequel il y avait un peu de goudron, on s'en servit pour
mettre en état une des pirogues, et le lendemain de grand
matin six hommes sous le commandement du chirurgien

s'embarquèrent pour aller visiter la baie, et pour s'assurer qu'aucun navire n'était venu mouiller. Pendant ce voyage on s'occupa à réparer l'autre pirogue, dont on pouvait avoir incessamment besoin ; mais les travaux furent gênés dans l'après-midi par la force de la marée qui inonda presque entièrement le camp. La pirogue, qui était partie avec une jolie brise de nord, atteignit bientôt la baie, mais n'y trouva aucun navire. On planta au bout de la pointe un pavillon sur le mât duquel on amarra une bouteille contenant un récit bien détaillé du naufrage du *Woodrop-Sims* en français et en anglais ; le soir on se remit en route pour rejoindre le camp ; mais avec la nuit la brise fraîchit et devint si forte qu'il fut impossible de tenir la mer avec une embarcation aussi frêle ; on aborda à terre, où l'on parvint avec beaucoup de peine à haler la pirogue sur le sable dans la crainte de la voir briser sur les cailloux.

Cette nuit sans feu, sans abri, fut longue et pénible ; le vent était froid, le sable humide ; on attendit avec impatience le jour qui parut enfin ; le vent ayant permis de continuer la route, on arriva au camp ; l'endroit où l'on avait été forcé de passer la nuit en était éloigné de sept lieues.

Le lendemain, l'autre pirogue, rapiécetée et mastiquée avec du beurre, fut en état de prendre la mer. Le capitaine américain s'y embarqua avec cinq hommes, mais revint sans avoir rien vu de nouveau.

Cet état d'attente sans espoir fondé autrement que sur des probabilités fort incertaines ne pouvait durer. On parla de suivre le rivage pour tâcher d'arriver à Saint-Philippe de Benguela, établissement portugais situé par 12°, 30' latitude sud, à plus de 100 lieues de l'endroit du naufrage du *Woodrop-Sims*; cette distance de 100 lieues devait encore être doublée par rapport aux énormes circuits qu'on aurait à faire pour suivre le rivage; et comme pour un pareil voyage il était difficile de pouvoir transporter assez de vivres, on convint d'en charger les embarcations qui navigueraient de concert avec la petite caravane.

Le soir, les matelots, ayant rassemblé sur un seul point tout ce que la mer avait apporté d'huile sur le rivage, ils s'amusèrent à en faire une espèce de feu de joie; en quelques heures ils en brûlèrent pour plus de quinze mille francs. Les Hottentots, qui circulaient librement de leurs huttes au camp, parurent éprouver un grand plaisir à ce spectacle; ils se mirent à danser à leur manière, et quand toute l'huile fut consumée, ils s'assemblèrent et firent de la musique. L'instrument dont ils se servent est d'une extrême simplicité. C'est une espèce d'arc dont ils appuient le bois sur leurs dents, en faisant vibrer la corde avec un petit morceau de bois; ils en tirent des sons doux et faibles qu'ils modulent par l'expression de leur haleine. C'était le chef qui tenait l'instrument; les autres accompagnaient en frappant en mesure de leur casse-tête, et en chantant à demi-voix des notes traînantes; leurs corps se balançaient à cette musique triste et monotone; triste comme les vents du soir dans les débris, monotone comme cette vie de naufrage!...

## VI.

Départ des naufragés du camp. — Difficultés de la
route.

Bien déterminés à partir aussitôt que la clarté de la
lune pourrait protéger leur marche, les naufragés s'oc-
cupèrent de bien consolider les embarcations pour les
rendre capables d'aider au voyage. On décida qu'on n'y
mettrait que de l'eau et du biscuit, chaque homme devant
se charger de six galettes, et plusieurs étant désignés
pour porter les petits barils d'eau. Avant de partir on résolut de faire encore un voyage à la pointe de la baie,
pour ne négliger aucune chance de salut avant d'entreprendre un aussi pénible voyage. La pirogue étant reve-
nue sans avoir rien découvert d'intéressant, on fixa le
jour du départ : on convint que sur les 24 hommes épar-
gnés par la tempête, moitié irait dans les deux pirogues
avec les vivres, et les autres par terre en suivant le rivage, de manière à voyager de compagnie. Puis, comme
ces derniers pouvaient courir risque d'être attaqués par
des animaux, et qu'il était prudent de songer à leurs
moyens de défense, avec les harpons et les lances on fa-
briqua des espèces de piques qui furent emmanchées dans
des tronçons et des morceaux provenant des manches de
lances. Chacun fit la sienne ; la journée se passa ainsi en
préparatifs de départ ; quelques hommes visitèrent la
plage pour s'assurer si quelque objet d'utilité n'y avait
pas été jeté, d'autres firent une petite excursion dans les
sables comme pour dire adieu à ces déserts horribles

qu'on aimait pourtant, car ils avaient été témoins de dé-
chirans tableaux. Ces rochers, ces sables, ces mornes ont
une physionomie particulière aux yeux de l'homme pour
qui ils ont été le théâtre d'un grand événement ; la mémoire en consacre le souvenir, et si jamais on entend
citer un naufrage, on se rappelle ces rochers, ces sables
qui vous ont reçus mourant.... Si l'on parle de désert,
on se rappelle ces plaines où l'on cherchait en vain un
oasis verdoyant, ou une source qui réfléchit l'azur du ciel.
Mais ces souvenirs faiblissent chez le marin : il n'oublie
pas, mais il en tient compte comme d'un événement qu'il
a lu.... Et de retour, après avoir revu la terre qu'il ne
devait plus quitter, il repart pour les mêmes parages, voir
les mêmes rochers où un an auparavant la tempête brisa
ses espérauces. S'il voit la place, il la montrera, il dira
aux autres d'un air fier : C'est là ! Puis ceux qui l'écouteront
seront plus impressionnés que lui.....

Le lendemain, à trois heures du matin, après avoir dit
adieu à tout ce qu'on laissait, tout le monde s'embarqua
dans les deux pirogues pour doubler la pointe de la baie.
Par ce moyen on gagnait huit bonnes lieues pour la caravane, et ces huit lieues à travers les roches et les sables mouvans eussent été doublées par les difficultés du
chemin. En manœuvrant avec une infinité de précautions
à cause de la trop grande charge des pirogues, on parvint
enfin à doubler la pointe et l'on mit à terre. Là on tira au
sort pour savoir quels hommes iraient par mer ; ceux que
le sort désigna s'embarquèrent sous les ordres du capitaine américain, et les douze autres sous la conduite du
chirurgien s'acheminèrent le long de la plage avec leurs
provisions particulières d'eau et de biscuits.

La pirogue partit; on avait décidé qu'elle se rendrait tout droit à Port-Alexandre, baie située à 50 milles du point de départ; les hommes que le sort avait désignés pour aller par terre devaient les y rejoindre. La mer était grosse, le ciel gris et sans rayons; c'était pénible ce voyage sur le bord des rochers où la mer brisait en leur jetant son écume, sans souliers, à travers une multitude de petits cailloux et de coquillages brisés ou bien sur le sable où les pieds s'enfonçaient! D'un côté c'était la mer et de l'autre un long morne de sable à pic qu'on ne pouvait suivre; les pieds en le pressant le faisaient écrouler de manière que, pour gagner du chemin, il fallait prêter côté à la route pour gravir de ce qu'on devait écrouler en avançant. Puis le ciel s'éclaircit, et ce fut le soleil lourd et pénétrant; on n'osait satisfaire sa soif qu'en la flattant : c'était de s'humecter les lèvres en attendant les heures où la ration devait être distribuée.

La nuit vint faire réfléchir à la nécessité de se procurer un abri pour prendre le repos si nécessaire à la suite d'une pareille route. Un homme, étant parvenu au sommet d'un des mornes qui bordaient la mer, aperçut une espèce de vallée qui avait la forme d'un entonnoir; mais on n'y voyait aucune broussaille propre à faire du feu pour passer la nuit. Cependant on se décida à y descendre, et après avoir pris quelque nourriture, chacun chercha à se placer dans la position la plus commode ou la plus propre à se délasser de la fatigue du jour.

Mais le sommeil ne vint pas; les pieds endoloris par cette pénible marche dans les pierres et les sables mouvans, les jointures fatiguées du poids du corps, on se représentait avec effroi les journées semblables qu'on avait encore à passer ainsi dans une longue et pénible route avant d'arriver à un point où l'on pût recevoir quelque soulagement à tant de peines; l'espoir ne se posait que sur la rencontre de quelque bâtiment dans le nord de la partie où l'on se trouvait, si l'on était assez heureux pour arriver à Saint-Philippe de Benguela avant que les vivres commençassent à manquer. Aussi, à la pointe du jour, engourdis, les jambes douloureuses, les naufragés se remirent en route, soutenus par le désir de rejoindre la pirogue qui devait être déjà à Port-Alexandre.

Le chemin devint plus praticable, bien qu'on eût le sable à moitié jambes; mais bientôt le soleil, dissipant la brume de la nuit, vint en échauffant le terrain rendre la marche plus pénible. De temps en temps, lorsque les jambes n'y pouvaient plus tenir, on venait marcher sur la plage, et, comme on enfonçait à chaque pas d'une manière fatigante, on se mit en ligne, et chacun son tour occupant la tête, chaque homme mettait son pied dans l'emplacement foulé par celui qui marchait devant lui. La journée se passa ainsi, longue, chaude, fatigante; le soir, avec la nuit une fraîche humidité, transition trop brusque du chaud au froid, vint faire sentir le besoin d'un abri que ces déserts n'offraient point : on fut à la découverte, et l'on aperçut un feu à une grande distance. On se décida à faire route vers cet endroit où l'on ne trouva que deux naturels, l'un endormi, l'autre soignant le feu et faisant le quart. Aussitôt qu'il aperçut les hommes qui s'approchaient il réveilla son camarade, et, effrayés tous deux, ils se disposaient à fuir lorsqu'on leur fit des signes d'intelligence qui les rassurèrent; la lune répandait une grande clarté sur ces sables, et à l'aide de sa lumière on chercha à en découvrir d'autres. On leur donna un peu d'eau, ce qui les calma tout-à-fait ; ils gesticulaient et parlaient beaucoup sans qu'on pût comprendre ce qu'ils voulaient exprimer. Cependant on crut entendre qu'ils montraient la position de la baie où devait être la pirogue, et ils paraissaient disposés à faire route. Le temps était assez beau, la brume dissipée ; on résolut de les prendre pour guides, espérant avec leur secours ne point faire de chemin inutile et arriver à Port-Alexandre dans la journée du lendemain. Depuis que la caravane était partie du camp, elle avait fait à peine 14 lieues.

Vers midi les deux Hottentots manifestèrent par leurs signes qu'ils voyaient la baie, où l'on arriva en effet une heure après.

## VII.

Craintes des naufragés. — Les naturels. — Continuation de route. — Traces de tigres.

L'équipage de la pirogue arrivée la veille vint au-devant de la caravane aussitôt qu'il l'aperçut ; le matin ils avaient pêché un peu de poisson qui fit un excellent repas à des hommes exténués de fatigue et de besoin après une marche aussi pénible que longue.

On décida qu'il serait avantageux pour la marche du lendemain de passer le soir même de l'autre côté de la baie ; en deux voyages les embarcations transportèrent le monde. Là on s'établit aux pieds de quelques lataniers, première verdure qui se trouve dans le nord de ces côtes arides. On fit un grand feu que tout l'équipage entoura; chacun raconta les particularités les plus saillantes du voyage, soit par mer, soit par terre, et l'on éprouva quelques instans de soulagement. Vers le soir on aperçut descendre d'une montagne voisine du bivouac marin une troupe assez considérable de naturels. Ils approchèrent et bientôt on reconnut qu'ils étaient plus de 80, armés de flèches, de sagaïes et de lances.

On résolut de ne leur faire aucun signe parce qu'ils pourraient être hostilement interprétés. Ils s'avancèrent encore, puis se mirent sur deux rangs, le chef en tête; alors ils poussèrent quelques cris, puis se prirent à courir avec célérité vers les mornes d'où ils avaient paru. Cette fuite précipitée, sans avoir eu de rapports, était alarmante; aucune des armes des naufragés n'était à opposer aux flèches empoisonnées des Hottentots; la nuit on veilla avec attention, mais on n'eut point d'autres sujets d'inquiétude.

De grand matin on résolut de partir afin de ne les point rencontrer; mais on les aperçut bientôt se dirigeant vers les deux pirogues; ils étaient en moins grand nombre que la veille; ils approchèrent sans paraître craintifs comme on l'eût pensé; on leur donna quelques biscuits pour s'en débarrasser. Les hommes destinés à aller dans les embarcations y entrèrent, et les autres se mirent en route sans paraître s'occuper d'eux.

Ils firent quelques pas, puis s'enfuirent en faisant des signes d'adieu.

La route devint de plus en plus praticable; on commençait à quitter le sable aride pour une espèce de terre qui

s'y mélangeait et qui rendait le chemin plus facile ; la verdure s'étendait aux regards du pauvre marin, et c'était une
douce joie que de revoir ces principes de végétation qui
annonçaient qu'on quittait les déserts pour des endroits
habités ; plus on avançait et plus on rencontrait de lataniers, de touffes d'herbes et de taillis épais.

Les pirogues, qui étaient arrivées à une petite baie où
l'on était convenu de se rejoindre, avaient une avance
considérable. L'endroit où les marins avaient débarqué
était charmant : c'étaient des massifs d'arbustes inconnus,
des pelouses de verdure marbrées de filets d'eau rejoi-
gnant le rivage. On marcha à la source de ces petits ca-
naux où l'on trouva un large étang d'eau douce tout bordé
de joncs épais, de nénuphar et d'autres plantes marines. La joie que cette trouvaille fit naître dans les cœurs
fut cependant un instant tempérée par la découverte d'é-
normes trous percés dans la terre ; les larges emprein-
tes de griffes qui les avoisinaient ne laissèrent point de
doutes sur la nature des habitans de ces antres auxquels
cette mare fournissait de l'eau. Éloignés de ce dangereux
mais séduisant endroit, les promeneurs se dirigèrent vers
un petit village qu'un des leurs avait aperçu ; c'était un
rassemblement de petites cases construites en lataniers
et couvertes en terre que leur dangereux voisinage avait
sans doute fait abandonner. Dans l'une d'elles on trouva
un crâne humain auquel la chevelure tenait encore.

Plus loin on vit quelques carrés de terre défrichée
et prête à recevoir la semence ; ils étaient traversés en
tout sens de traces du passage des tigres ; au loin on aper-
cevait des biches et des chevreuils ; quelques hommes es-
sayèrent en vain d'en approcher.

A la nuit on rallia le voisinage des embarcations, et peu après la caravane arriva. Les malheureux étaient exténués de fatigue ; les routes qu'ils avaient parcourues étaient devenues fort mauvaises et presque impraticables à cause des pierres dont elles étaient couvertes. On alluma un bon feu qui, bien entretenu par les hommes de quart, devait écarter les animaux féroces dont les rugissemens commençaient à se faire entendre.

## VIII.

### Réunion des naufragés. --- Causeries de marins.

Cette nuit était la plus douce que nos pauvres naufragés eussent passée depuis la perte de leur navire. La fraîcheur et l'agrément des lieux retrempaient l'ame dans une douce confiance. Il semblait que les temps écoulés fussent une suite de mauvais jours que le présent embellissait déjà et auxquels l'avenir promettait des améliorations que l'espérance déterminait. Plusieurs ne pouvaient dormir ; la joie de ce beau paysage faisait travailler leur tête ; ils passaient rapidement sur les obstacles qui les séparaient encore de leur patrie. Ils s'y voyaient, ils racontaient à leurs amis les circonstances de leur naufrage. C'était le beau soleil dans la plaine : aller au *Nouveau-Monde* avec un *rechange tout neuf !* Rien que d'y penser la tête tourne.....

Et mollement étendu près du feu qu'il attisait en faisant son quart, un des marins chercha à partager comme suit son superflu de désirs avec un jeune novice couché près de lui :

— Mal-en-train ! lui dit-il en lui frappant de sa large main sur l'épaule....

— Où çà? répondit le jeune homme assoupi.

— Allons ! branle-bas ! on ne dort point les uns sans les autres ici.

— J'suis t'y d'quart?

— Ouatch ! des quarts !... il est bien question de ça... v'la qu' j'allons arriver en France. Dis donc, matelot, es-tu bien réveillé?

— De quoi?

— Toi qui t'y connais, là, dis-moi, là bien vrai, là ousque t'aimerais mieux être embossé pour le quart-d'heure?....

— Ousque?....

— Oui, pour que tu serais content, là?....

— Ah! moi?.... J'dormais tout d'même quand c'est que vous m'avez tapé sur moi... Si j'aurais su qu'vous au-riez venu, je m'en aurais allé aut'part.

— Est-il mal léché au moins, ce paille-en-queue-là !

— Tiens! c'est vrai ça, à cause qu'il a passé la journée assise lui!... Si vous auriez été avec nous autres à trim-baller à pieds nus sans souliers dans des chemins qu'é-taient tout des cailloux....

— Eh bien! matelot, tu vois bien, c'est chacun son tour ça..... D'main c'est nous autres que j'allons gober l'haricot... et voilà, quoi.... Toi, tu t'embarqueras dans la soute aux vivres, et puis à coups de plumes tu te re-morqueras toi-même avec la chiquaille.

— Oui! et qu'elle est joliment fameuse, la chiquaille!

mais, c'est tout d'même, quand on a grand goût, on tortille aussi bien une galette de biscuit que comme si qu'on aurait des prunes à l'oseille, que c'est plus fameux.

— Eh bien! si j'avais à choisir, moi, à l'heure qu'il est, ça serait sur une bonne salade, puis des étrilles et un pain *caven,* une bouteille de vin et l'café noir avec les rincettes.... V'là ça sur quoi que je tomberais, moi....

— Eh bien! moi, j'irais chercher *Bout-de-Tabac,* que j'lui dirais qu'elle s'habillerait sur son trente-et-un, et puis j'louerais un char-à-bancs ousqu'avec la volaille j'mettrais encore des noix, des pommes, des marrons, si c'est qui en aurait, et puis des bouteilles d'vin et une de *gratte-gosier...* et puis un parapluie qu'j'achèterais : j'aime bien ça moi, un parapluie quand c'est qu'on est avec des dames, qu'on tient ça ouvert. Crécoquin! ça vous envoie une couleur rouge quand c'est que le parapluie est rouge; ça vous fait, matelot, qu'on dirait que *Bout-de-Tabac* et moi j'serions deux roses dans un char avec un parapluie...... J'voudrais qu'il pleuvrait rien que pour ça.....

— Farceur! est-y cocasse!.... Mais où là que t'irais avec ton char-à-bancs?

— J'irions au *Nouveau-Monde* que nous nous y arrêterions et l'char aussi pour prendre des rafraîchissemens; et puis à Harfleur aussi que c'est l'pays aux fraises quand c'est qui en a, que j'nous arrêterions aussi pour prendre quelque chose: histoire de passer le temps, quoi! et puis d'après que j'irions à Orcher tout droit sans nous arrêter, et au galop!.... up!

— Ah! oui.... ( *Un gros soupir.* )

— Et puis, en revenant, si j'aurions faim, j'entrerions

au hameau de *Tourneville*, que j'laisserais l'char-à-bancs à la porte.... Si j'avais l'petit pavillon tricolore d'la pirogue, j'le mettrais entre les cornes du cheval.... Mâtin ! et puis s'en venir sur l'milieu du pavé tout droit jusqu'à la porte de l'espectacle... que j'donnerions l'char à garder à un gamin ; et puis après qu'*Bout-de-Tabac* et moi j'monterions d'dans et j'ferions trois ou quatre fois l'tour du grand bassin avant que j'arriverions chez elle... Ah ! quel plaisir !....

— Tiens, vois-tu, *Mal-en-train*..... je.....

— Allons! vous v'là encore à dévisager les noms..... C'est des bêtises ça... pour que les autres m'appelleraient comme ça aussi, n'est-ce pas?

— Non, matelot ! non, mon fils Malandain.... Tu vois que je dis comme il faut... Je ne l'ai pas fait en exprès... Tiens ! j'ne sais plus ça que j'voulais dire... tu m'as coupé la chique....

— C'est-y ça un événement !

— Ah! voilà !.... Tu vois bien, mon fils, si j'n'avions pas eu l'malheur qu'not'e pauvre navire aurait péri, eh bien ! si j'aurions eu quelq'chose de gagné, j'aurions été ensemble, parce que j'vois q'tas du goût, q'c'est tout-à-fait distingué.... C'est tout d'même un grand malheur! et que ça me met joliment à la côte, moi !

— Combien que vous avez déjà fait de voyages à la pêche, vous, *Lambouy?*

— V'là l'troisième..... Qui s'entend qu'ça ne fait que deux... que j'l'aurais fini... que ç'aurait fait... q'si j'aurions réussi qu'ç'aurait fait trois, quoi ! et qu'ça n'fera que deux....

— Avez-vous jamais venu dans les baies, ici, sur la côte?....

— Non ; l'dernier voyage donc que c'était sur le *Maréchal Suchet* que j'l'ai fait, q'j'avions 1,800 barils d'huile de baleine, j'avons été à la côte du Brésil, que c'était plus beau qu'ici, si c'est qu'i n'y aurait pas tant d'pingoins.

— Et vot' premier voyage ?

— Ah! celui-là, il y a long-temps..... c'voyage-là que c'était mon premier, j'avons piqué l'roi des cachalots....

— Ouach !

— Oui! qu'il avait plus de soixante et dix pieds de taille. Y avait plus de dix navires qu'avaient piqué d'ssus, et qui n'avaient pas pu rester amarrés... un vrai démon q'c'était.... eh bien ! l'second il a dit, j'vas l'antraper, moi, qu'il a dit, et que c'était vrai le soir. V'là quand c'est qu'il l'a vu l'second, l'cachalot, il a mis une barrique sur l'avant d'la pirogue, et quand il a nagé d'ssus, il a jeté la bordelaise dehors auprès d'la tête du cachalot.... Pour lors le cachalot a couru d'ssus, qu'il s'a joué contre avec ses dents d'en-bas, parce qu'il n'en a pas en-haut, l'cachalot. Pendant c'temps-là, l'second il a piqué, et de son premier coup d'lance y lui a fait souffler l'sang épais comme du goudron !....

— C'est fameux, tout d'même, ça !

— Oui! eh bien, j'avons pris tout près de deux mille barils, dans ce voyage-là que j'étais novice, eh bien! c'était à Nantes... Quand c'est qu'on a passé la revue des décomptes, on m'a donné mon mémoire que j'avais pris 150 fr. d'avance, à 20 du cent pour les intérêts, que c'est un fameux métier à 20 du cent, si j'aurais d'l'argent, laisse faire, va !.... et que j'disais : plus 10 francs pour la batterie de cuisine du major qui n'voulait pas seulement m'donner d'réglisse.... et puis après ça deux chemises de laine q'j'avais achetées à bord, qu'un requin m'avait mangé l'autre, qu'était à la traîne.... enfin avec du tabac, bref, qu'il me revenait que j'devais encore treize francs huit sous à l'armateur !....

— Plus souvent que j'lui aurais donné !

— Prenez garde à c't'écoute de Foc ! Ah ben oui ! Et puis d'ailleurs qui m'avait dit q'si ça serait, que j'lui donnerais pas les 13 fr. 8 sous, qui m'en ferait cadeau.

— Il a bien fait.... matelot !.... ah ! il est temps de dormir tout d'même !.... d'main matin y fera jour...

— Bon ! v'là la lune qui s'lève ! ah ! matelot, regarde donc ! on dirait qu'elle serait tout du feu ! tant c'est qu'elle est rouge ! c'est y donc drôle ?

— Allons ! laissez-moi dormir quand j'vous dis.... j'ai mes écubiers qui s'ferment malgré moi....

— As-tu jamais vu la lune dans un horoscope, toi ?

— Quittez-moi dormir, puisque j'vous dis q'je n'veux pas parler, là !

— T'as pourtant été à Bordeaux, c'est là qu'on voit la lune qu'est grosse ! dans l'endroit où que les gastrologues sont.... as-tu été ?

— Allons, ut !

Cette conclusion claire et nette réduisit Lambouy en silence. — Il s'aperçut que son heure de quart était écoulée ; il réveilla son remplaçant, et s'arrangeant de son mieux il s'endormit bientôt à côté de son ami Malandain.

## IX.

Départ. — Contrariété et souffrance des naufragés.

Le lendemain de grand matin les hommes destinés à partir dans la pirogue s'embarquèrent, tandis que les autres qui la veille les montaient prirent la route à travers les lataniers pour suivre le bord de la mer. Car chaque jour on changeait la manière de voyager, de sorte que les hommes dont les jambes étaient fatiguées par la route souvent si difficile se reposaient dans les embarcations, auxquelles le vent servait quelquefois assez heureusement pour leur permettre de faire usage de leurs voiles sans le secours des avirons.

A mesure qu'on s'éloignait de la place où l'on avait passé la nuit, le paysage perdait de sa fraîcheur, les lataniers devenaient plus rares, le sable commençait à se mêler aux pelouses vertes où l'on repose si bien, et avec ce changement de la nature les idées du voyageur qui s'assombrissaient. — En quelques heures on était parvenu à suivre un sentier qui côtoyait la grève, mais où le sable seul se montrait au loin. — Après six heures de marche, on arriva au pied d'une énorme montagne presque à pic, et comme sa base avançait de beaucoup dans l'intérieur, on ne savait à quoi se déterminer. Cependant on résolut de contourner cette montagne plutôt que d'essayer de la gravir, tant cela eût été difficile. — Après avoir parcouru l'espace de quelques centaines de toises, on aperçut au sommet une douzaine de sauvages. Quelques hommes voulurent essayer encore de monter;

mais les sauvages leur firent signe d'avancer davantage dans l'intérieur; ils faisaient beaucoup de gestes, et paraissaient indiquer quelque chose sans qu'on pût comprendre leur intention. — Le chemin devenait épouvantable; on ne pouvait y pénétrer sans se blesser les pieds sur les cailloux dont il était semé. — Espérant que les sauvages pourraient servir de guides à travers ces détestables routes, on résolut de suivre leur indication et de pénétrer plus avant, malgré toutes les difficultés qu'on prévoyait déjà. — Les naturels du haut de la montagne suivaient en poussant des cris dont on ignorait la signification. — On marchait depuis près d'une heure, et comme rien de nouveau ne se présentait à la vue, l'inquiétude commença à se faire sentir chez tous les naufragés; les hurlemens que poussaient les naturels avaient quelque chose de sinistre dont on ne se rendait pas compte, mais qui pourtant traversait d'effroi. — Tout le monde était bien résolu de repousser vivement les attaques qu'ils pourraient entreprendre, s'ils se voyaient en force.

On marcha encore environ une demi-heure, puis la montagne s'aplatit et devint plus aisée à gravir; les naturels firent des signes de ralliement; après quelque hésitation on se décida à les rejoindre, afin de s'assurer si l'on pouvait tirer parti d'eux ou de leurs ressources. Les signes qu'ils ne cessaient de faire et qu'ils accompagnaient de cris invitaient à les rejoindre; plusieurs d'entre eux vinrent au-devant des naufragés; ils étaient sans armes, et la confiance s'établit aussitôt entre tous.

Quand tout le monde fut réuni sur le plateau qui couronnait la montagne, ils firent mille gestes de joie, se jetant à genoux , criant et élevant les bras en l'air. — Un jeune Hottentot qui se tenait à l'écart gardait les armes qu'ils avaient abandonnées.

Quand ils se virent entourés de tous les marins, ils s'assirent à leur manière sur les talons, faisait signe de les imiter ; puis ils baragouinèrent sans cesser de frapper le palais avec leur langue , ce qui produit un certain bruit bizarre dont ils accompagnent les moindres paroles. — Ensuite l'un d'eux prononça quelques mots de portugais, parmi lesquels le mot *signor* se présentait fort souvent.

C'était une déception que de ne trouver rien d'utile, et de ne pouvoir rien faire de ces hommes, après une marche aussi pénible que celle qu'on avait faite pour les rejoindre ; l'espoir qu'on avait eu de les prendre pour guide , ou d'en tirer quelques renseignemens sur la route et la distance qui séparait encore de Saint-Philippe, avait cessé dès qu'on s'était assuré qu'ils n'avaient ni rapports avec cet endroit, ni ressources pour eux-mêmes, puisqu'ils étaient presque entièrement nus , n'ayant qu'un débris de peau de tigre attaché au cou, et pendant en lambeaux sur leur dos. — Voyant que leur baragouinage n'était point compris, ils se levèrent et firent signe de les suivre. On hésita encore avant de s'abandonner à ces malheureux, qui paraissaient vouloir se diriger encore dans l'intérieur où l'on avait déjà pénétré de plus de deux lieues.

La chaleur était excessive, et la route à travers la montagne n'était pas plus facile que celle qu'il avait fallu suivre pour arriver là où l'on était rendu. — Après d'autres heures bien plus pénibles, on aperçut à une grande distance un groupe de cases. — Les naturels ex-

primèrent par leurs signes que c'était là qu'ils habitaient,
et en approchant on aperçut leurs femmes qui paraissaient les attendre. Mais aussitôt qu'elles virent que
leurs maris n'étaient point seuls, elles prirent la fuite;
alors un des naturels poussa un cri aigu qui les fit
revenir toutes. — La première chose que firent ces femmes, lorsque les naufragés furent arrivés près d'elles,
fut de leur demander par signes du tabac. Pour en obtenir, le mot que ces sauvages repètent avec leur petit
bruit du palais, c'est *bacca*. — Ils sont excessivement
amateurs de cette plante. — Dans d'autres parages, dans
le sud de Port-Alexandre, par exemple, ils échangent
contre le plus petit morceau, des œufs d'autruche,
des fanons de baleine qu'ils ramassent sur le rivage,
des petites écailles de tortues, enfin tout ce qu'ils supposent être capable de tenter les matelots baleiniers
qui vont faire la vigie sur leurs côtes.

Les signes et la pantomime des femmes étaient bien
plus expressifs que ceux des hommes; on comprenait
presque tout ce qu'elles voulaient exprimer. — Leurs
gestes avaient une certaine malice, une certaine grace
qu'on ne pouvait attendre de ces femmes, dont la figure
et les manières sont presque généralement repoussantes.
— Une d'entre elles surtout, qui paraissait âgée de vingt
ans, avait une grande habileté à se faire comprendre;
elle était assez jolie, grande, svelte, avec des formes
bien prononcées, et des pieds dont nos parisiennes eussent envié la petitesse, sinon l'ébène..... Sa gorge était
belle, et sa figure vive et animée. — Elle paraissait exercer sur les autres une certaine influence, elle leur imposait.... et sitôt qu'elle commençait à parler en gesticulant,

toutes la regardaient, et paraissaient applaudir à ses expressions.

Ce fut par elle que les naufragés comprirent que s'ils avaient quelques effets à donner, on les guiderait pendant trois jours : lorsqu'elle sut que ceux-ci n'avaient que ce qu'ils portaient et qui ne leur suffisait pas, elle en parut fâchée. Comme le temps s'écoulait sans qu'on l'employât à rien d'utile, on se mit en route pour s'approcher du bord de la mer, dans l'espoir de rejoindre les embarcations le soir.

Les naturels vinrent jusqu'à peu de distance du rivage. A cet endroit, comme on avait toujours suivi des sentiers de la montagne bien plus praticables que les autres, la montagne coupée à pic présentait un vaste flanc à la mer. Les naturels montrèrent qu'il fallait descendre par là pour rejoindre la plage. Mais en même temps ils montraient les pieds nus des marins, et cherchaient à faire comprendre toutes les difficultés qu'ils allaient éprouver. — Le flanc de la montagne taillé tout droit n'avait pas moins de deux cents pieds d'élévation du niveau de la mer. — Il n'était formé que de saillies, de rochers ou de couches d'une terre grasse et argileuse sur laquelle on n'avait point de prise. Depuis le pied de cette montagne, le rivage se prolongeait à perte de vue, tout hérissé de roches et de pierres. Cet avenir n'était guère propre à donner le courage nécessaire à faire la dangereuse descente qui en séparait. — On se regardait les uns les autres, tout consterné de cette difficulté ; un des naturels donna l'exemple, un autre le suivit, puis plusieurs. — Heureusement que chacun avait conservé sa pique destinée d'abord à la défense individuelle contre les animaux

féroces, mais qui devint bien précieuse dans cette circonstance pour se cramponner aux saillies d'une main,
pendant que l'autre, à l'aide du fer, cherchait un point
d'appui. — Ce qu'il y avait de fort pénible encore, c'était
la mer qui était très grosse, et qui battait avec violence
contre la base de la montagne, en se brisant parmi les
rochers. — A plus de vingt pieds encore au-dessus de la
surface, on en était baigné, et il y avait à craindre qu'une
de ces lames ne forçât de lâcher prise ; alors la mort était
certaine.

Avec les plus grandes précautions plusieurs hommes
étaient parvenus sur la grève, qu'ils s'empressaient de
quitter pour n'être point balayés par les vagues ; il en
restait encore sept ou huit à différentes hauteurs, plus
ou moins tremblans, lorsqu'une forte lame vint briser
avec fracas droit au-dessous des marins et des naturels ;
elle s'engouffra tout à coup dans une cavité formée par
les rochers, puis jetant son écume à plus de vingt-cinq
pieds de hauteur elle brisa violemment contre la montagne. Un des naturels, qui en fut enveloppé, ne put
résister à la force du coup ; il se détacha des saillies où il
se tenait de son mieux, et l'on aperçut son corps noir
rouler dans la mousse blanche.... puis un cri que le fracas des lames laissa venir jusqu'au malheureux encore
suspendu sur l'abîme, aussi incapable de descendre que
de monter..... Il s'écoula quelques minutes d'une inexprimable angoisse.., pour ceux qui regardaient, et pour
les autres, c'était un vertige !...Puis le sentiment de la conservation prit le dessus. — Les lames brisèrent moins fort,
on en profita, et bientôt tout le monde fut hors de danger.

Après d'aussi cruelles souffrances, on gagna un endroit

convenable, et chacun répara ses forces avec les légères provisions qu'on n'avait point abandonnées.

---

## X.

Continuation de route.—Danger couru par un des naufragés.—
Embarquement général.

Après un léger mais utile repos, on se mit en route avec l'espoir de rejoindre avant la nuit les deux pirogues que depuis long-temps on avait perdues de vue ; les naturels s'enfuirent à travers les sables, sans s'occuper du corps de leur camarade que la mer avait sans doute enlevé.

La route qu'on avait à suivre était horrible à voir ; ce n'était qu'une chaîne de rochers continuels où la mer brisait. — Parfois il y en avait dont la ligne s'avançait fort avant dans l'intérieur, et qu'il fallait nécessairement franchir, quelle que fût leur aridité. Les pieds, les genoux et les mains couverts de blessures où le sable entrait, c'était un épouvantable supplice que ce surcroît de douleurs que l'on voyait ainsi s'étendre devant soi. — Aux douleurs présentes se confondait encore la pensée de celles que l'on prévoyait sans en apercevoir le terme.

De rochers en rochers, tantôt s'aidant d'une pique, tantôt marchant à quatre pattes, la petite troupe se trouva, après bien des peines et des souffrances, au pied d'une chaîne de roches d'une assez grande élévation ; plusieurs hommes étaient presque hors d'état de se traîner, par les angoisses inouïes que leur causaient les plaies des jambes. — On proposa d'abandonner les vivres dont chacun portait une petite partie ; mais ignorant le moment où l'on rencontrerait les embarcations, il était peu prudent de s'en dessaisir. — Le poids de quelques galettes de biscuit, quoique fort peu considérable, ne laissait pas cependant d'être fort incommode, et la nature du vêtement de nos malheureux, à peine couverts de quelques effets que la route avait mis en lambeaux, ne leur offrait que peu de commodités de transport ; cependant on se décida à ne rien abandonner.

Enfin, après quelques instans de repos, on essaya de gravir ces masses où jamais pas d'hommes n'avaient posé, ce ne fut qu'en aidant aux plus souffrans que tous parvinrent jusqu'à la sommité. — De là, l'œil plongeait sur une immense étendue de mer et de sable où quelques moellons rétrécissaient seuls la vue. Cela ranima le courage de tous. — On croyait distinguer au loin une fumée, s'élevant d'abord, puis livrée au vent qui venait de la mer ; la distance était grande, mais moins pénible à franchir que les horribles chemins qu'on quittait. Il fallut songer à descendre de la cime des roches, et cette opération n'était ni sûre, ni facile ; cependant on y parvint à l'aide de mouchoirs noués bout à bout, et bientôt on fut sur le sable.

Le jour était déjà fort avancé, et malgré l'excessive fatigue de plus de quatorze heures de marche par vaux, par monts et par rochers, on résolut de faire en sorte de gagner l'endroit où l'on avait cru apercevoir la fumée. — Il y avait à peine une heure qu'on se dirigeait vers ce but qu'on vit au loin un naturel qui accourait. Bientôt on reconnut qu'il était habillé, et que c'était un des hommes de l'équipage des pirogues. — On apprit par lui qu'on avait côtoyé les roches pour faire monter tout le monde dans les embarcations, à cause des accidens de terrain qui faisaient supposer la route impraticable. — Les énormes masses qui bordaient la mer avaient seules empêché ces embarcations d'être aperçues. — On continua la marche et l'on parvint bientôt au point de réunion, situé au pied d'une montagne de sable.

On fit un grand feu autour duquel, rangé avec les provisions, chacun répara ses forces, et s'étendit dans la position la plus convenable à ses douleurs.

C'était comme un songe passé, que la mémoire seule rapporte sans que le cœur y croie, que cette délicieuse nuit sur les gazons de Port-Alexandre. Ces frais lataniers qui se balançaient si verts, sous l'azur du ciel, ce vaste étang qui s'épanchait en filets à travers les pelouses, et cette brise qui jouait dans les feuilles, ces ruisseaux coulans parmi les pierres, les lames paisibles expirant sur le sable du rivage, tout cela se retraçait vif et frais, avec une puissance d'émotion qui enveloppait le cœur, et dont le contraste enchantait. Jour de fête dans une vie de douleurs, rayon de printemps à travers les neiges éternelles. — Souvenirs d'amour qui s'envolent et laissent le regret, vous êtes éphémères et décevans, comme cette nuit de verdure où tant de souffrances avaient été accumulées, que tant d'autres ont suivies!

Presque tous les naufragés étaient hors d'état de marcher; le repos de la nuit, en engourdissant les douleurs, ne les rendit que plus sensibles au frais du matin lorsqu'il fallut partir. — On se décida à embarquer tous les vingt-quatre dans les deux pirogues.

Il ventait heureusement une petite brise de sud-ouest qui enflait les voiles. — Ce n'était qu'avec la plus grande précaution qu'on agissait dans les canots, qui, trop chargés, risquaient de chavirer au moindre mouvement trop brusque. Après avoir couru environ deux heures, en suivant toujours le rivage à un quart de lieue environ, on aperçut une espèce de savane adossée à un morne, et sur laquelle on distingua quelques maisons; on mit le cap à terre, et en approchant on découvrit une quantité innombrable de bœufs et de chèvres éparpillés dans les broussailles qui couvraient la savane.

On descendit à terre avec les bidons pour essayer de se procurer de l'eau dont on commençait à manquer. Bientôt il parut quelques sauvages qui gravirent aussitôt une petite éminence voisine de leurs cases pour mieux reconnaître. — Ils étaient armés de flèches; mais les hommes qui portaient les bidons les ayant montrés, ils comprirent ce que l'on désirait d'eux, et s'approchèrent sans crainte.

Après avoir échangé quelques signes d'intelligence, ils désignèrent une espèce de réservoir plein d'eau douce où l'on fit provision. — Un des hommes qui portaient un bidon était recouvert d'une chemise rouge qui excita la fureur d'un des bœufs voisins du réservoir. — Cet homme effrayé se prit à courir sans regarder qu'il se dirigeait vers le troupeau qui était à quelque distance de lui. — On essaya par des cris de lui faire changer de direction en s'approchant des cases; mais le bœuf furieux le gagnait considérablement, et allait l'atteindre en quelques pas, lorsqu'un des naturels s'élança à sa rencontre; et l'attendant ferme au passage, il lui lança avec une vigueur et une adresse remarquables une espèce de pique dont la lame, formée d'une pierre tranchante, s'emmanchait à un morceau de bois de fer fort court. — L'animal frappé à la gorge décrivit quelques circuits, et se roula bientôt sur la terre qu'il inonda de son sang....

La reconnaissance de l'imprudent matelot ne fut point comprise de celui qui venait probablement de lui sauver la vie; les femmes s'étant approchées du bœuf avec des instrumens pointus, sans doute propres à l'écorcher, elles firent entendre par une pantomime expressive qu'elles allaient donner une partie de ce bœuf au matelot qui l'avait tant effrayé. — Mais on préféra partir pour profiter de la continuation de la brise qui était favorable. — Les femmes apportèrent alors du poisson cuit dans des morceaux d'écorce de palmier; on leur donna en échange trois mouchoirs, les seuls objets qu'on pût offrir et dont elles parurent extrêmement satisfaites.

Une heure après on longeait la côte, savourant le meilleur repas qu'on eût fait depuis la perte du *Woodrop-Sims*.

---

## XI.

Arrivée des naufragés à Saint-Philippe. — Accueil des habitans et du gouverneur. — Dispersion des naufragés. — Conclusion.

La journée s'écoulait douce et paisible; la brise favorable faisait fuir rapidement les rochers du rivage; on avait cru comprendre que les naturels avaient désigné un point peu distant auquel on espérait parvenir bientôt, et l'espoir d'un prochain changement de situation était dans tous les cœurs.

Vers le soir on aperçut une pointe sur laquelle se dressait un palmier gigantesque : c'était le palmier de la *saline*, situé à dix lieues environ de *Benguela*, la première colonie portugaise sur ces côtes.

Cette vue transporta de joie les naufragés; on s'empresse de border tous les avirons afin d'aider au vent à franchir la distance qu'on dévorait des yeux; on était tout impatience et tout contentement; c'étaient des frissons nerveux de plaisir qui font mal. — Vers cinq heures du soir on arriva à la saline, où l'on trouva une quantité de nègres de *Benguela* dont l'occupation pendant une partie de l'année est la pêche du poisson sur ce point.

Plusieurs s'avancèrent sur le rivage avec un pavillon portugais. — Ils accablèrent les naufragés de questions. — Heureusement qu'un des hommes qui parlait leur langue fut à même de leur donner toutes les explications possibles sur les événemens qui les amenaient dans ces parages.

Ils parurent fort touchés du récit de tant d'infortunes et s'intéresser vivement au sort des naufragés. — Ils les conduisirent dans leurs cabanes, dont la construction annonçait déjà le contact de la civilisation. — Ils préparèrent une grande quantité de poisson, dont ils chargèrent des tables où se pressèrent entremêlés Français et esclaves portugais.

Après le repas ils étendirent des nattes sur lesquelles ils voulurent faire coucher leurs hôtes; mais le désir de parvenir plutôt à *Benguela* et de profiter de la continuation de la brise fit qu'on se décida à partir malgré les instances des nègres portugais.

Plein d'espoir et de confiance, on s'embarqua bientôt pour faire route. — La brise fraîche et favorable faisait glisser les pirogues, l'impatience dévorait l'espace des lieux et du temps. Au moyen de quelques morceaux de peau de bœuf que les Portugais avaient donnés, chacun se fit une espèce de paire de semelles pour préserver les plaies envenimées du contact des pierres, ou des inégalités du terrain que l'on pouvait encore avoir à parcourir. — Puis vint le jour à travers le crépuscule; on cherchait à voir, à pénétrer dans la distance. — A huit heures environ on aperçut le point appelé *Sombrero*, à cause de sa forme pareille à celle d'un chapeau.

Le *Sombrero* était à deux lieues sud de Saint-Philippe de Benguela. — Peu après les embarcations arrivèrent à Benguela, et les deux équipages descendirent à terre.

Des flots de curieux entourèrent les nouveaux-venus à leur débarquement. — En peu de mots le matelot interprète instruisit les Portugais de la position où étaient les naufragés; on les conduisit avec des acclamations jusqu'à la maison du gouverneur.

L'accueil que ce Portugais fit aux malheureux Français naufragés fut convenable. Il promit de s'occuper immédiatement du moyen à employer pour diriger vers leur patrie ces vingt-quatre hommes, en les distribuant sur les différens navires de la petite rade.

Il retint chez lui le capitaine américain et le chirurgien; chacun des autres hommes reçut une somme suffisante pour sa nourriture.

Le lendemain, le gouverneur portugais décida avec le capitaine américain du *Woodrop-Sims* que les vingt-quatre hommes seraient dispersés sur plusieurs bâtimens en partance pour *Angol*, situé à environ cent lieues de *Benguela*, et où les moyens de retour pour la France étaient bien plus faciles.

Le capitaine américain et cinq hommes furent les premiers arrivés à Angol.

Le chirurgien, embarqué avec six hommes sur un petit brick, rencontra un trois-mâts espagnol avec lequel on communiqua. Le capitaine du navire espagnol offrit passage pour la Havane, où il allait, au chirurgien et aux hommes qui l'accompagnaient ; l'offre fut immédiatement acceptée.

Peu de jours après l'arrivée à Angol des premiers hommes, les autres arrivèrent par une petite goëlette de Saint-Philippe. — Le gouverneur d'Angol donna à chaque homme une valeur équivalant à dix sous de notre monnaie. — Les naufragés marchaient nu-pieds. — Le peuple les regardait curieusement.

A quelques jours de là, un brick brésilien qui partait pour Fernambourg emporta trois hommes : le capitaine américain et deux autres.

A Fernambourg, le consul accueillit avec humanité le compatriote qu'il était appelé à aider. Le capitaine américain trouva un passage pour les Etats-Unis ; les deux autres hommes, habillés et traités convenablement, furent embarqués par ses soins sur le brick du Havre, *le Grand Navigateur*.

On prétend que la plupart des négocians français de

Fernambourg recherchèrent beaucoup ces deux hommes pour leur faire raconter leur naufrage....

A la Havane, le chirurgien et les six hommes embarqués avec lui sur le trois-mâts espagnol reçurent également de M. le consul français tous les témoignages d'intérêt dus au malheur. — Par ses soins et l'obligeance du capitaine du navire du Havre, *l'Aigle mexicain*, ces hommes, comme ceux embarqués à Fernambourg à bord du *Grand-Navigateur*, viennent de revoir leur patrie.

Les autres naufragés du *Woodrop-Sims* laissés à Angol avaient dû partir peu après ; il est probable qu'aussi heureux que leurs camarades ils foulèrent bientôt la terre de leur patrie.

Deux jours après leur arrivée, plusieurs naufragés du *Woodrop-Sims* avaient déjà contracté d'autres engagemens pour repartir incessamment.

On voit encore dans les rues du Havre un vieux chien sauvé du naufrage, et qui, pendant les longues et pénibles marches des naufragés dans les sables et les rochers, les a constamment accompagnés, et recevait sa ration de biscuit et d'eau, même lorsque la longueur de la route pouvait faire craindre qu'on en manquât.

IMPRIMERIE DE E. DUVERGER,

RUE DE VERNEUIL, N° 4.